Andrea Holzer-Rhomberg

# Aus der musikalischen Schatzkiste

38 bekannte musikalische Themen
bearbeitet für Violine (1. Lage)

Impressum

© 2021 by Musikverlag Holzschuh, Manching

VHR 3912 / ISMN 979-0-2013-1067-1 / ISBN 978-3-86434-155-7

Klaviersatz: Jo Barnikel
Notensatz: Regina Krauß, Speyer
Umschlag: Gerhard Illig, Schwaig bei Nürnberg

www.holzschuh-verlag.de
www.fiedel-max.de
www.passion4stringteaching.com

# Inhalt

# 1 Adagio-Thema

aus dem *Klarinettenkonzert KV 622*

W. A. Mozart (1756–1791)
Bearb.: A. Holzer-Rhomberg
Klaviersatz: Jo Barnikel

© 2021 by Musikverlag Holzschuh, Manching

# 2 Von fremden Ländern und Menschen

aus *Kinderszenen op. 15*

R. Schumann (1810–1856)
Bearb.: A. Holzer-Rhomberg
Klaviersatz: Jo Barnikel

*p*

*p*

*con Ped.*

6

11

*rit.*

*rit.*

15

**a tempo**

*mf*

*mf*

© 2021 by Musikverlag Holzschuh, Manching

20
mp
mp
25
rit.
rit.
a tempo
29
f
f
33

# 3 Le Petit Rien

Rondeau

F. Couperin (1668–1733)
Bearb.: A. Holzer-Rhomberg
Klaviersatz: Jo Barnikel

© 2021 by Musikverlag Holzschuh, Manching

21
p
mf
26
31
f
36

# 4 Menuett

aus der *Feuerwerksmusik*

G. F. Händel (1685–1759)
Bearb.: A. Holzer-Rhomberg
Klaviersatz: Jo Barnikel

© 2021 by Musikverlag Holzschuh, Manching

# 5 St. Antonius Choral

aus dem *Divertimento in B-Dur*

J. Haydn (1732–1809)
Bearb.: A. Holzer-Rhomberg
Klaviersatz: Jo Barnikel

© 2021 by Musikverlag Holzschuh, Manching

# 6 Andante Grazioso

aus der *Klaviersonate KV 331*

W. A. Mozart (1756–1791)
Bearb.: A. Holzer-Rhomberg
Klaviersatz: Jo Barnikel

© 2021 by Musikverlag Holzschuh, Manching

# 7 Der Frühling

## Thema aus den *Vier Jahreszeiten*

A. Vivaldi (1678–1741)
Bearb.: A. Holzer-Rhomberg
Klaviersatz: Jo Barnikel

© 2021 by Musikverlag Holzschuh, Manching

# 8 Letzte Rose

aus der Oper *Martha*

F. von Flotow (1812–1883)
Bearb.: A. Holzer-Rhomberg
Klaviersatz: Jo Barnikel

© 2021 by Musikverlag Holzschuh, Manching

# 9 Auld Lang Syne

Traditional (Schottland)
Bearb.: A. Holzer-Rhomberg
Klaviersatz: Jo Barnikel

© 2021 by Musikverlag Holzschuh, Manching

# 10 The Devil's Dream

Hornpipe

Traditional (Schottland)
Bearb.: A. Holzer-Rhomberg
Klaviersatz: Jo Barnikel

© 2021 by Musikverlag Holzschuh, Manching

18
22
26
30
ff

# 11 Non lo dirò col labbro

aus der Oper *Tolomeo*

G. F. Händel (1685–1759)
Bearb.: A. Holzer-Rhomberg
Klaviersatz: Jo Barnikel

© 2021 by Musikverlag Holzschuh, Manching

13
tr
mf
mf
16
18
20
tr

# 12 Scarborough Fair

Traditional (England)
Bearb.: A. Holzer-Rhomberg
Klaviersatz: Jo Barnikel

© 2021 by Musikverlag Holzschuh, Manching

# 13 Wiegenlied

op. 49 Nr. 4

J. Brahms (1833–1897)
Bearb.: A. Holzer-Rhomberg
Klaviersatz: Jo Barnikel

© 2021 by Musikverlag Holzschuh, Manching

# 14 Chorus

aus dem Oratorium *Judas Maccabäus*

G. F. Händel (1685–1759)
Bearb.: A. Holzer-Rhomberg
Klaviersatz: Jo Barnikel

© 2021 by Musikverlag Holzschuh, Manching

# 15 Danny Boy

Traditional (Irland)
Bearb.: A. Holzer-Rhomberg
Klaviersatz: Jo Barnikel

mf

mf

con Ped.

f

f

mf

mf

© 2021 by Musikverlag Holzschuh, Manching

# 16 Largo

aus der *Neuen Welt*

A. Dvořák (1841–1904)
Bearb.: A. Holzer-Rhomberg
Klaviersatz: Jo Barnikel

© 2021 by Musikverlag Holzschuh, Manching

15
mp
mp
18
21
f
f
24
pp
pp

# 17 Der Vogelfänger bin ich ja

aus der Oper *Die Zauberflöte*

W. A. Mozart (1756-1791)
Bearb.: A. Holzer-Rhomberg
Klaviersatz: Jo Barnikel

© 2021 by Musikverlag Holzschuh, Manching

# 18 Wiegenlied

op. 98 Nr. 2

F. Schubert (1797–1828)
Bearb.: A. Holzer-Rhomberg
Klaviersatz: Jo Barnikel

© 2021 by Musikverlag Holzschuh, Manching

# 19 Moderato

aus der Sonatine Nr. 1

L. v. Beethoven (1770–1827)
Bearb.: A. Holzer-Rhomberg
Klaviersatz: Jo Barnikel

© 2021 by Musikverlag Holzschuh, Manching

18
cresc.
cresc.
22
f
f
mp
mp
26
30

# 20 Triumphmarsch

aus der Oper *Aida*

G. Verdi (1813–1901)
Bearb.: A. Holzer-Rhomberg
Klaviersatz: Jo Barnikel

© 2021 by Musikverlag Holzschuh, Manching

18
3
3
22
3
3
3
3
26
3
3
30
3
3
3

# 21 Fiddle Tunes

## Sailor's Hornpipe and Soldier's Joy

Traditional
Bearb.: A. Holzer-Rhomberg
Klaviersatz: Jo Barnikel

© 2021 by Musikverlag Holzschuh, Manching

21
25
1.
2.
30
34
1.
2.
D.C. al Fine con rep.
D.C. al Fine
con rep.

# 22 Andante

aus der *Symphonie mit dem Paukenschlag*

J. Haydn (1732–1809)
Bearb.: A. Holzer-Rhomberg
Klaviersatz: Jo Barnikel

© 2021 by Musikverlag Holzschuh, Manching

22
27
32
p
p
36
f
f

# 23 La Paloma

S. de Yradier (1809–1865)
Bearb.: A. Holzer-Rhomberg
Klaviersatz: Jo Barnikel

© 2021 by Musikverlag Holzschuh, Manching

16
20
24
28
1.
2.

32
36
40
45
1.
2.

# 24 O mio babbino caro

aus der Oper *Gianni Schicchi*

G. Puccini (1858–1924)
Bearb.: A. Holzer-Rhomberg
Klaviersatz: Jo Barnikel

© 2021 by Musikverlag Holzschuh, Manching

18
22
26
30
f
f

34
39
44
mf
mf
rit.
rit.
meno mosso
49
p
p
r.H.
l.H.

# 25 Rejouissance

aus der *Feuerwerksmusik*

G. F. Händel (1685–1759)
Bearb.: A. Holzer-Rhomberg
Klaviersatz: Jo Barnikel

© 2021 by Musikverlag Holzschuh, Manching

13
mf
15
17
cresc.
cresc.
19
1.
2.
f
mp
f

# 26 Einzug der Königin von Saba

aus dem Oratorium *Salomon*

G. F. Händel (1685–1759)
Bearb.: A. Holzer-Rhomberg
Klaviersatz: Jo Barnikel

© 2021 by Musikverlag Holzschuh, Manching

17
21
25
29

# 27 Humoresque

A. Dvořák (1841–1904)
Bearb.: A. Holzer-Rhomberg
Klaviersatz: Jo Barnikel

© 2021 by Musikverlag Holzschuh, Manching

13
rit.
rit.

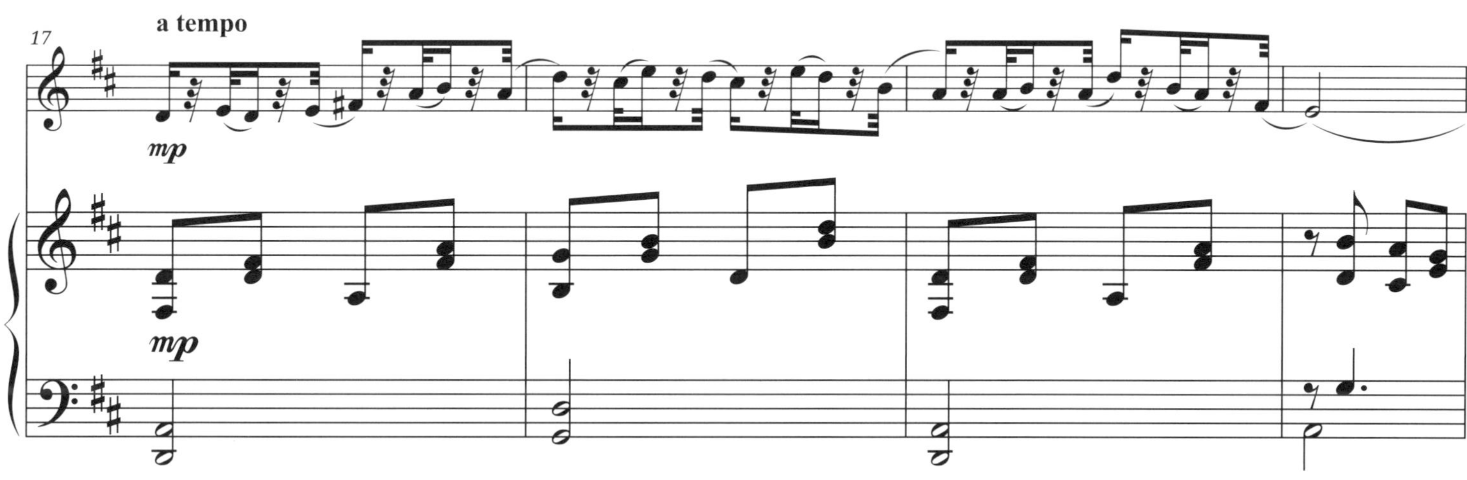
17
a tempo
mp
mp

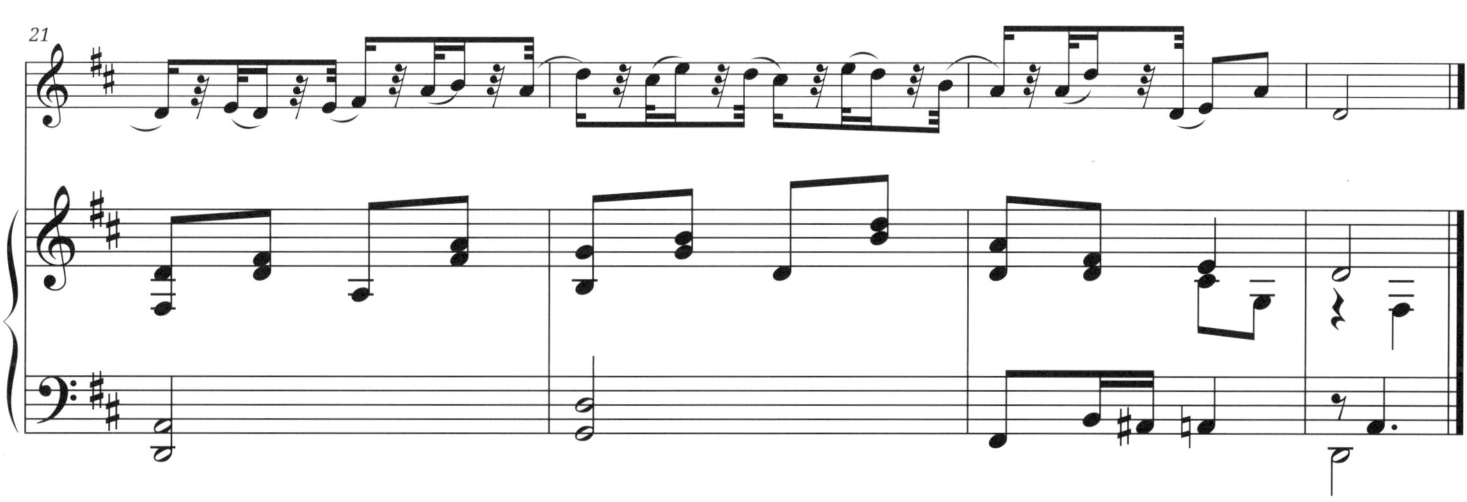
21

# 28 Prelude

aus dem *Te Deum*

M. A. Charpentier (1643–1704)
Bearb.: A. Holzer-Rhomberg
Klaviersatz: Jo Barnikel

© 2021 by Musikverlag Holzschuh, Manching

20
mf
mf
26
32
f
f
38
1.
2.

# 29 Walzer

op. 39 Nr. 15

J. Brahms (1833–1897)
Bearb.: A. Holzer-Rhomberg
Klaviersatz: Jo Barnikel

© 2021 by Musikverlag Holzschuh, Manching

21
f
mp
f
mp
27
cresc.
cresc.
33
f
mp
f
mp
39

# 30 Romanze

aus der *Sonatine Nr. 1*

L. v. Beethoven (1770–1827)
Bearb.: A. Holzer-Rhomberg
Klaviersatz: Jo Barnikel

© 2021 by Musikverlag Holzschuh, Manching

20
mf
mf
25
30
mf
mf
35
f
f

# 31 Non più mesta

aus der Oper *La Cenerentola*

G. Rossini (1792–1868)
Bearb.: A. Holzer-Rhomberg
Klaviersatz: Jo Barnikel

© 2021 by Musikverlag Holzschuh, Manching

18
cresc.
p
cresc.
22
a tempo
mf
f
rit.
p
26
f
30
f

# 32 Neapolitanisches Tanzlied

aus dem Ballett *Schwanensee*

P. I. Tschaikowski (1840–1893)
Bearb.: A. Holzer-Rhomberg
Klaviersatz: Jo Barnikel

mp

mp

5

9

13

© 2021 by Musikverlag Holzschuh, Manching

17
mf
mf
22
27
31
f

35
40
44
48
cresc.
cresc.

# 33 Adagio

T. Albinoni (1671–1751)
Bearb.: A. Holzer-Rhomberg
Klaviersatz: Jo Barnikel

© 2021 by Musikverlag Holzschuh, Manching

# 34 Caro mio ben

G. Giordano (1730–1806)
Bearb.: A. Holzer-Rhomberg
Klaviersatz: Jo Barnikel

© 2021 by Musikverlag Holzschuh, Manching

16
a tempo
f
rit.
mp
f
rit.
mp
19
3
mf
mf
22
a tempo
rit.
rit.
mp
25
mp

# 35 Lascia ch'io pianga

aus der Oper *Rinaldo*

G. F. Händel (1685–1759)
Bearb.: A. Holzer-Rhomberg
Klaviersatz: Jo Barnikel

© 2021 by Musikverlag Holzschuh, Manching

23
p
mf
28
f
f
33
38
D.C. al Fine
D.C. al Fine

# 36 Menuett

aus dem *Notenbüchlein für Anna Magdalena Bach*

J. S. Bach (1685–1750)
Bearb.: A. Holzer-Rhomberg
Klaviersatz: Jo Barnikel

© 2021 by Musikverlag Holzschuh, Manching

21
26
mp
mp
31
f
f
36

# 37 La donna è mobile

aus der Oper *Rigoletto*

G. Verdi (1813–1901)
Bearb.: A. Holzer-Rhomberg
Klaviersatz: Jo Barnikel

© 2021 by Musikverlag Holzschuh, Manching

17
mp
mf
mp
mf
21
f
mf
f
25
mf
29
f
f

# 38 O sole mio

E. di Capua (1865–1917)
Bearb.: A. Holzer-Rhomberg
Klaviersatz: Jo Barnikel

© 2021 by Musikverlag Holzschuh, Manching

21
25
29
33
1.
2.
mf
3